Die Moschee von Córdoba für Kinder

Text
Mª Dolores Baena Alcántara
Mª Teresa Baena Alcántara

Illustration
Pilarín Bayés de Luna

Deutsche Fassung
Regine Höschen

Ediciones Miguel Sánchez

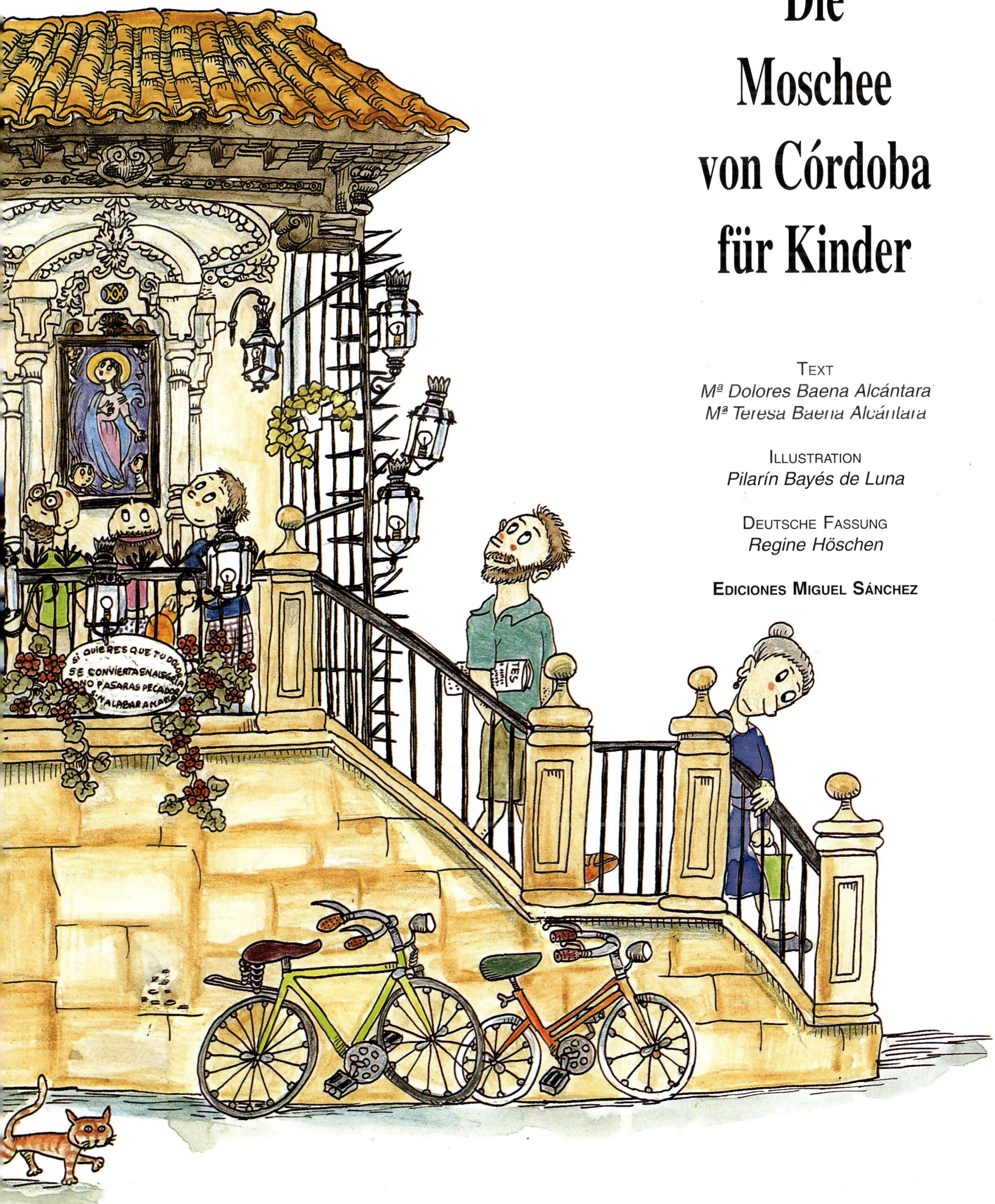

C/ Marqués de Mondéjar, 44. Granada

Fotocomposición: Bitono (paqui robles)

Fotomecánica: Franacolor

Impresión: Gráficas La Madraza

I.S.B.N.: 84-7169-065-9
Depósito Legal: GR-455-2001
Printed in Spain

Heute ist ein großer Tag für unsere Freunde Teresa, Álvaro und Jorge, denn sie besuchen die Moschee von Córdoba, die bedeutendste Sehenswürdigkeit ihrer Stadt. Jorge, der vorwitzigste von ihnen, kann es kaum erwarten, dieses große Gebäude, an dem er täglich auf dem Schulweg vorbeikommt, genau kennen zu lernen. Auch Álvaro ist schon ganz gespannt auf die Geschichten und all das interessante Neue, das er später seinen Klassenkameraden erzählen will. Teresa hat sogar ihr kleines Notizbuch dabei, um alles zu erfragen und dann aufzuschreiben. Wenn du an der Besichtigung dieses großartigen Gebäudes teilnehmen möchtest, dann komm mit uns, denn es wird sicher auch für dich ein großes Erlebnis.

EIN WENIG GESCHICHTE

Córdoba ist eine der ältesten Städte Spaniens und liegt am Ufer des Guadalquivirs. Sie war schon immer wegen ihrer Lage eine ganz besondere Stadt, denn in Córdoba laufen wichtige Verkehrswege zusammen. In dieser Stadt haben im Laufe der Jahrhunderte verschiedene Völker unterschiedlicher Religionen und Kulturen gelebt.

Spanien und besonders der Süden des Landes wurde immer wieder von anderen Völkern heimgesucht und belagert. Die Phönizier und Griechen kamen, um Handel zu treiben; auch die Karthager kamen als Händler und blieben jahrelang. Später wurde Córdoba unter den Römern zur Hauptstadt der *Baetica*, so nannten sie das Gebiet, das ungefähr da war, wo heute Andalusien ist. Die Westgoten nahmen das Gebiet der Römer so lange ein, bis schließlich die islamischen Heere einrückten.

Von all diesen Völkern sind uns bis heute Wörter, Sitten, die Bauart der Städte oder Gebäude, Kunstwerke und vieles mehr erhalten geblieben.

Nachdem die islamischen Truppen des Kalifats von Damaskus, einem Reich jenseits des Mittelmeeres, einen Großteil Nordafrikas erobert hatten und auf die Iberische Halbinsel übergesetzt waren, kamen im Jahre 715 die Muslime (die wir auch Islamiten nennen) nach Córdoba. Das gesamte Gebiet der Halbinsel, das die Muslime erobert hatten, nannte sich ***al-Andalus***, woraus der heutige Name *Andalusien* entstand.

الله اكبر

Mitte des 8. Jahrhunderts begründete Abd ar-Rahman I., der erste Herrscher der Familie der Omaijaden, die bis zum 11. Jahrhundert in *al-Andalus* regierten, ein Reich, das wir als unabhängiges Emirat kennen.

Abd-ar-Rahman III. begründete im 10. Jahrhundert das Kalifat (eine andere Regierungsform), indem er den Titel des Kalifen oder „Herrscher der Gläubigen“ annahm. In dieser Zeit wurde Córdoba zu einem der wichtigsten Zentren der ganzen Welt. Damals war der Mittelpunkt der Stadt die *Medina,* die von Mauern umgeben war und wo sich neben der Hauptmoschee auch der *Alcázar,* die Residenz des Kalifen und sein Hofstaat, der Marktplatz und die *alcaicerías* (eine Art von Basaren), Bäder, kleinere Moscheen usw. befanden.

Das Kalifat löste sich im 11. Jahrhundert aufgrund eines Krieges unter den Muslimen auf und *Al-Andalus* zerfiel in kleine Teilreiche, die sogenannten *taifas.* Danach herrschten zwei Völker, die aus Nordafrika gekommen waren: die Almoraviden und die Almohaden. Die Kämpfe unter den Muslimen nutzten die Christen aus Nordspanien aus, um immer größere Teile des islamischen Reiches zu erobern. Im Jahre 1236 gewannen die christlichen Truppen des Königs Ferdinand III. auf diese Weise Córdoba für sich.

Im heutigen Córdoba sind zahlreiche Zeugen der alten islamischen Stadt erhalten. Sie vermischen sich mit Elementen anderer Kulturen. Córdoba ist ein Beispiel für das Zusammentreffen von drei Kulturen: der islamischen,der jüdischen und der christlichen; denn Muslime, Juden und Christen lebten hier im Mittelalter zusammen.

EIN SPAZIERGANG DURCH DIE UMGEBUNG

Bevor Álvaro, Teresa und Jorge mit Felipe, dem Vater der beiden Ersten, in die Moschee gehen, machen sie einen Spaziergang durch die *Judería*, dem jüdischen Viertel, wo sich unser Gebäude befindet. Man betritt die Moschee durch die **Puerta de Almodóvar,** ein Tor, das Teil der Stadtmauer ist, die die Medina umgab.

Zeugen der verschiedenen Kulturen, die sich in Córdoba niedergelassen haben, sind: die **Baños del Alcázar califaf** (die Bäder der Kalifenresidenz) aus dem 10. Jahrhundert in den Gärten des „Campo Santo de los Mártires"; die **Alcázar der Christlichen Könige**, aus dem 14. Jahrhundert; und die **Synagoge**, der heilige Ort oder die Kirche der Juden, die auch aus dem 14. Jahrhundert stammt.

Ein weiteres Merkmal der Stadt sind die für Córdoba typischen Innenhöfe, die **Patios.** Sie sind wunderschön und sorgen im warmen Sommer für Erfrischung. Jedes Jahr im Mai feiert man das *Fest der Innenhöfe*, wobei es für den schönsten Hof einen Preis gibt.

Wenn man die Moschee umläuft, gelangt man zur **Puerta del Puente,** dem Brückentor, aus dem 16. Jahrhundert.

Álvaro sieht sich die Brücke (die romanischen Ursprungs ist) an und entdeckt die große **Torre de la Calahorra**, einen Wachturm, der im 14. Jahrhundert auf den Resten eines anderen islamischen Turmes gebaut wurde. Von der Brücke aus sehen die Kinder den **Molino de la Albolafia,** eine Wassermühle mit Schöpfrädern, die auch islamischen Ursprungs ist. Jorge erinnert seine Freunde daran, dass auf dem Wappen von Córdoba dieses Mühlrad zu sehen ist.

Aber jetzt müssen sie in die Moschee, um sich aufs Neue von der Vermischung der drei Kulturen, die sie schon in der Stadt sehen konnten, zu überzeugen.

»Wie ist so etwas in einem einzigen Gebäude möglich?«, fragt Teresa neugierig. »Weil in dem alten islamischen Tempel, den die Muslime erbaut hatten, die Christen nach der Eroberung der Stadt eine Kathedrale errichtet haben«, antwortet Álvaro bestimmt. »Das macht sie ja gerade so außergewöhnlich!«

DAS MONUMENT UND SEINE ERWEITERUNGEN

Die Kinder wissen bereits, dass eine Moschee ein religiöses Gebäude der islamischen Kultur ist und dass der Islam die Religion ist, die Mohammed lehrte und die aufruft, an den einzigen Gott, Allah, zu glauben. Die „Bibel" der Muslime heißt Koran. Die Moscheen haben zwei Hauptteile: den *Sanh* oder **Hof** mit einem **Turm**, der Minarett genannt wird, und den *masŷid,* den inneren **Betsaal**.

Außerdem wissen sie noch ein paar Sachen über die Moschee wie zum Beispiel, dass sie in mehreren Etappen gebaut wurde, bis sie schließlich so aussah, wie wir sie heute kennen.

Die erste Moschee wurde unter der Herrschaft von Abd-ar Rahman I. im 8.Jahrhundert errichtet und dreimal vergrößert: zuerst unter Abd-ar Rahman II. im 9.Jahrhundert, dann von al-Hakam II. im 10.Jahrhundert und schließlich im selben Jahrhundert zu Zeiten des al-Mansurs. Im 16. Jahrhundert wurde dann im Innern der Moschee die christliche Kathedrale erbaut.

AL-HAKAM II
S.X

AL
HAKAM
II
S.X

ALMANZOR
S.X

ALMANZOR
S.X

NIFO

Übersichtsplan der Moschee, so wie sie heutzutage nach allen Reformen und dem Bau der christlichen Kathedrale aussieht.

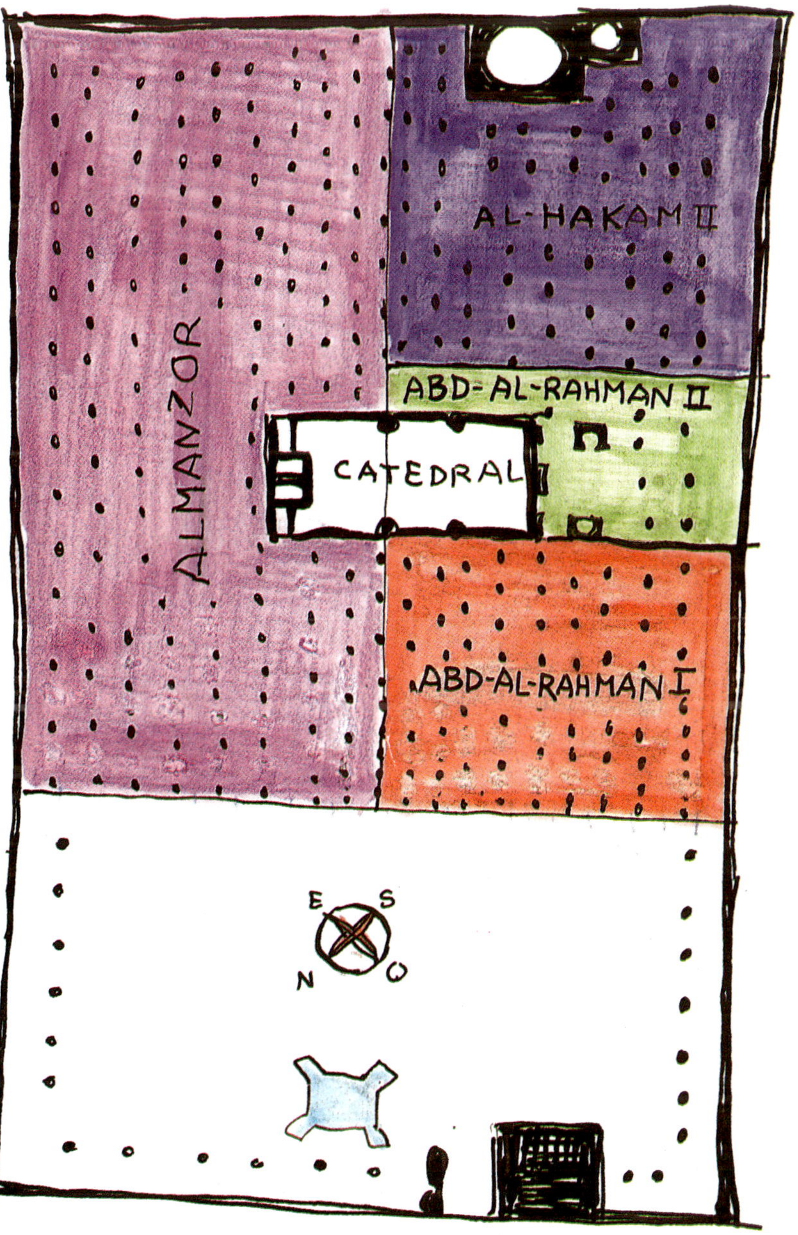

DIE MOSCHEE UND DER HOF DER ORANGENBÄUME

Der gesamte äußere Teil der Moschee sieht aus wie eine Festung mit vielen Toren. Das Haupttor, durch das Jorge, Teresa und Álvaro hineingehen, befindet sich neben dem Turm und heißt **Puerta del Perdón**, also Tor der Vergebung, denn hier wurden den christlichen Büßern ihre Sünden öffentlich vergeben.

Durch dieses Tor gelangt man in den **Patio de los Naranjos**, den Hof der Orangenbäume. In der Mitte steht ein Brunnen, zu dem die Kinder laufen, um aus seinen vier Rohren zu trinken. Ein alter Mann, der hier gemütlich ausruht, erklärt ihnen, dass es eine Tradition gibt, die besagt, dass jeder, der von dem Brunnenrohr trinkt, das unter dem einzigen Olivenbaum im Hof ist, heiraten wird. Der Innenhof ist ein wunderbarer Ort, um spazieren zu gehen, in Ruhe zu lesen oder um sich zu unterhalten, was auch viele Cordobeser oder Besucher machen.

Die Kinder laufen durch den Hof und entdecken etwas, was ihnen besonders auffällt: Es gibt einen großen Graben nahe des Eingangs zum Betsaal (überdachte Zone der Moschee), wo ein paar Männer und Frauen ganz vorsichtig eine Mauer ausgraben. Neugierig fragen sie eine Frau, die in einem Heft zeichnet. Sie ist Archäologin.

Marta, so heißt die Frau, erklärt ihnen, dass sie archäologische Ausgrabungen machen, um herauszufinden, was es vor dem Bau der Moschee hier gab. Gleichzeitig untersuchen sie, wie die Moschee nach und nach entstanden ist. Die Kinder sind von dieser Arbeit fasziniert, die sie an die eines Detektives erinnert, der Spuren deuten muss, um die Geschichte genauer zu kennen.

Teresa blättert in ihrem Heft und fragt Marta nach dem Bau des Gebäudes.

»Was war denn vorher hier?« Marta erzählt ihr Folgendes:

»Dieses Gebäude ist die **Mezquita „Aljama“**, das heißt die Hauptmoschee, denn damals gab es noch viele andere in der Stadt. Sie ist eines der wichtigsten Bauwerke der islamischen Architektur. Hierher kam die Bevölkerung zum Freitagsgebet, dem wichtigsten islamischen Gottesdienst.

Aber nur die Männer durften den Betsaal betreten; die Frauen mussten draußen bleiben.

Früher gab es hier eine westgotische Kirche, die Basilika *San Vicente*. Abd-ar-Rahman I. vereinbarte einen Handel mit den Westgoten (die Christen waren) und kaufte ihnen im Jahr 751 einen Teil ihrer Kirche ab, um einen heiligen Ort zum Gebet zu haben, den er so mit den Christen teilte.«

»Bestimmt habt ihr schon wieder vergessen, wer Abd-ar-Rahman war, oder?«, fragt Jorge.

»Aber nein«, antwortet Álvaro. »Das war der aus der Familie der Omaijaden aus Syrien.«

»Ganz genau, er war der erste Emir des unabhängigen *al-Andalus*, und man nannte ihn „den Gerechten". Die Schriftsteller aus seiner Zeit schildern ihn als großen, blonden und einäugigen Dichter, Redner und Krieger.

Bald schon reichte der von den Christen gekaufte Teil der Kirche nicht mehr aus, denn es gab immer mehr moslemische Gläubige, so dass Abd-ar-Rahman sich entschloss, zwischen 780 und 785 eine Moschee zu erbauen. Dafür kaufte er auch den übrigen Teil der Kirche San Vicente. Die Reste dieser Kirche kennt man aus archäologischen Ausgrabungen und auch durch die Säulen und Kapitelle (das sind die obersten Teile der Säulen) der Basilika, die für den islamischen Bau verwendet wurden.

Die Moschee Abd-ar-Rahmans I. ist nur ein Teil der heutigen Moschee. Später wurde das Gebäude immer größer (es wurde dreimal erweitert: einmal im 9. und zweimal im 10. Jahrhundert), weil auch die Einwohnerzahl der Stadt immer weiter anstieg.

Neben der Moschee gab es noch andere Gebäude, die etwas mit ihr zu tun hatten, wie die Säle für die rituelle Reinigung, ein Brauch, der von jedem Muslim fordert, „gesäubert" zum Beten zu kommen. Im Osten der Moschee, auf der anderen Seite der Straße, haben die Archäologen die Reste der Waschungssäle von al-Mansur gefunden, dem letzten islamischen Herrscher, der die Moschee erweiterte.

ASIA
EUROPA
SIRIA
CORDOBA
AFRICA
OMEYAS
ALMANZOR

DAS MINARETT ODER DER TURM.- So wie der Betsaal immer wieder vergrößert wurde, geschah das Gleiche mit dem Hof, bis er schließlich seine heutige Größe erreichte. Hisham I., der Sohn Abd-ar-Rahmans, ließ das erste Minarett errichten, das später wieder abgerissen wurde, um den Hof zu erweitern.

Das große Minarett der Moschee wurde unter Abd-ar-Rahman III. im 10. Jahrhundert erbaut. Dieser in allen Reichen seiner Zeit hoch angesehene Herrscher war der erste Kalif in *al-Andalus* und gründete einen prunkvollen Hofstaat, an dem die Philosophie, Literatur, Dichtkunst und Geschichte zu großer Entfaltung gelangten. Deshalb wurde Córdoba nicht nur zu einem wichtigen politischen und wirtschaftlichen Zentrum, sondern auch zu dem Ort, an dem sich die Kultur dieses Jahrhunderts am weitesten entwickelte.

Das große Minarett aus dem 10. Jahrhundert befindet sich unter dem Turm, den wir heute sehen. Es ist der **Turm der Kathedrale**, der im 17. Jahrhundert um das islamische Minarett herumgebaut wurde. Daher können wir, wenn wir in dem Turm nach oben steigen, noch Reste der Wände und Treppen des islamischen Turmes sehen. Der Turm hat in seinem oberen Teil viele Glocken; unter anderen auch „die dicke Glocke der Kathedrale".

Aus höchster Höhe des Minaretts rief der *Muezzin*, der Gebetsrufer, die Gläubigen, wenn die Zeit zum Gebet gekommen war. Noch heute kann man am Mittag einen Muezzin von einer neuen Moschee ganz in der Nähe der Aljama rufen hören.«

Die Kinder verabschieden sich von der Archäologin und gehen durch einen großen Bogen, den man **Puerta de las Palmas,** also Tor der Palmen nennt, weil hierdurch die Palmsonntagsprozession zog. Sie betreten nun den Betsaal, den überdachten Teil der Moschee.

Teresa ist beeindruckt und ruft überrascht aus: »So groß hatte ich sie mir nicht vorgestellt! So viele Bögen! Das ist ja ein richtiger „Säulenwald“!«

DER BAU DER MOSCHEE

Die Kinder beginnen jetzt, nach dem, was sie im Hof gesehen haben, zu verstehen, dass sie in einem „lebendigen“ Gebäude sind, das in mehreren Epochen erbaut wurde und in dem Menschen verschiedener Berufe ständig an seiner Erhaltung arbeiten.

Zwischen den Säulen treffen sie Mercedes, die die Bögen misst. Sie ist Architektin und untersucht den Bau und die Struktur der Moschee, denn, wenn man das Gebäude ganz genau kennt, kann man es besser restaurieren (d.h. ausbessern oder wiederherstellen). Architekten bauen nicht nur Häuser, sondern sie restaurieren und arbeiten auch an der Erhaltung alter Gebäude. Als die Kinder sie fragen, warum es hier so viele Bögen gibt, erzählt sie ihnen, wie dieser „Säulenwald“ entstanden ist.

»Die **erste Moschee**, die Abd-ar-Rahman I. erbauen ließ, hatte 11 längliche Schiffe (11 Säulenreihen), die in einer großen Wand endeten, die man **Qibla** nennt. Diese Wand gibt es in allen Moscheen, sie zeigt nach Mekka, der heiligen Stadt der Muslime in Arabien. Die islamische Religion verlangt, dass man beim Beten in Richtung Mekka sieht, deshalb ist die Qibla so ausgerichtet, dass die Gläubigen wissen, in welche Richtung sie sich zum Beten stellen müssen. In Córdoba ist die Qibla nicht exakt nach Mekka ausgerichtet, sondern etwas weiter südlich, weil die Moschee auf einem Häuserblock errichtet ist und die Straßenlinien beibehalten wurden.

Das Gebäude wurde auf einem System aus **Bögen und Säulen** anstatt auf Mauern errichtet. Oben sind die Schiffe durch Mauern getrennt, die auf die Bögen gebaut wurden, welche sich wiederum auf Säulen stützen. Unter ihnen gibt es eine zweite Bogenreihe, die man Arkade nennt und die dazu dient, die ganze komplizierte Säulen- und Arkadenkonstruktion aufrechtzuerhalten. Die Bögen der oberen Arkadenreihe sind anders als die der unteren: die oberen heißen „Rundbögen“ und die unteren „Hufeisenbögen“, je nachdem, welche Form sie haben.

Diese Bauart der Moschee von Córdoba war eine Neuheit und diente dazu, die Moschee höher bauen zu können und die Decke derart zu stützen, dass man von einem Schiff zum anderen sehen kann. Nachdem man festgestellt hatte, dass dieses System funktionierte, wurde es vielerorts nachgeahmt.

Allerdings ist diese „Erfindung“ nicht allein islamischen Ursprungs. Die Bauherren hatten das System einerseits den römischen Aquädukten, die das Wasser in die Städte beförderten, und

arco de medio punto
ARCO DE HERRADURA

andererseits den westgotischen Gebäuden mit ihren Hufeisenbögen abgesehen.

Dieser Teil der ersten Moschee ist wie ein Museum, weil es so viele verschiedenartige **Kapitelle und Säulen** gibt. Und wisst ihr warum?«

»Klar!«, antwortet Jorge. »Weil man Reste der westgotischen Kirche sozusagen wiederverwertet hat.«

»Sehr gut! Aber nicht nur die Überreste dieser Kirche, sondern auch die von römischen Bauten. Die Muslime sparten auf diese Weise Baumaterial.«

»Und womit sind die Bögen bemalt?«, will Álvaro wissen.

»Sie sind nicht bemalt, auch wenn es so aussieht. Die Stücke, aus denen sich die Bögen zusammensetzen, nennen sich **Wölbsteine**: die roten sind Ziegel und die gelben Kalksteine.

Seht mal, da gibt es eine Art Rampe auf dem Boden. Da war früher der Qibla, den Abd-ar-Rahman II. im Jahr 832 abreißen ließ, um die Moschee zum Fluss hin zu verlängern und einen neuen Qibla zu bauen. Das ist die **erste Erweiterung**, in der sich die alten, wiederverwerteten Elemente mit neuen, speziell

angefertigten vermischen. Auch Abd-ar-Rahman II. förderte, wie andere Omaijaden, die Wissenschaften und Künste, die Landwirtschaft und die Industrie. Er war Dichter und durch ihn fand man immer größeres Gefallen an orientalischem Luxus. Er holte die berühmtesten Weisen und Künstler seiner Zeit an seinen Hof, wie zum Beispiel den Musiker Ziryab, durch den unter anderem auch das Schachspiel populär wurde.

Aber dieses Gefallen an Luxus hat nichts mit dem **Marmorboden** zu tun, auf dem wir heute gehen, denn er ist nicht der ursprüngliche. Der Originalboden der Moschee war aus festgestampfter, harter Erde, die wahrscheinlich mit *Rotocker*, einer rötlichen Tonerde, vermischt war, was ihm seine dunkelrote Farbe gab. Der Boden wurde mit Teppichen oder Matten bedeckt, wie es auch

heute noch in den Moscheen der arabischen Welt üblich ist.

Unter al-Hakam II., dem Sohn des Abd-ar-Rahman III., erfuhr die Moschee 962 ihre **zweite Erweiterung** der Gebetshalle, die wiederum zum Fluss Guadalquivir hin vergrößert wurde. Hier gibt es keine „wiederverwerteten“ Säulen oder Kapitelle, sondern sie wurden extra hergestellt, wie die „Zungenblattkapitelle“. Dieser Teil ist am reichsten ausgeschmückt, was uns beweist, welch große Bedeutung das Reich unter dem zweiten Kalifen gewonnen hatte. Al-Hakam war derjenige, der die Kultur in al-Andalus am meisten pflegte. Er hatte eine große Bibliothek, die zu seiner Zeit sehr berühmt war und wo er eine Werkstatt gründete, in der kopiert wurde (da die Druckerkunst noch nicht existierte, wurden alle Bücher von Hand geschrieben) und wo Miniaturenmaler (die Zeichnungen anfertigten) und Buchbinder arbeiteten. Er war von Weisen, Künstlern und Schriftstellern umgeben und gründete Schulen in Córdoba, deren

Besuch kostenlos war, sowie die bekannteste Universität seiner Zeit.

In dieser Erweiterung gibt es ganz hinten einen durch ein Gitter abgetrennten Bereich; an der Vorderseite ist die Wand des Qiblas, wo sich ein kleiner, mit Marmor ausgeschmückter Raum befindet, der **Mihrab** heißt. Er zeigt den Muslimen an, in welche Richtung sie

sich zum Gebet niederlassen müssen. Vor ihm wurde aus dem Koran, ihrem heiligen Buch, vorgelesen.

Wenn wir weitergehen, finden wir vor dem Mihrab die **Maxura**, die für den Hof des Kalifen bestimmt war und die damals durch einen Holzzaun und nicht wie heute durch ein Eisengitter abgetrennt war.

Die prächtigen Verzierungen der Torbögen in der Qibla-Wand werden euch an römische Mosaiken aus dem Archäologischen Museum erinnern. Tatsächlich ähneln die **Mosaiken** in ihrer Form den römischen; sie kommen von der anderen Seite des Mittelmeeres, denn sie waren ein Geschenk des Kaisers von Byzanz an den Kalifen von Córdoba. Die Römer schmückten damit nur ihre Böden und die Byzantiner ihre Wände.

Die Decke der Maxura ist anders als die anderen: Sie besteht aus sich überschneidendenden Bögen, die mit Stein und Marmor verziert sind, in die meist pflanzliche Motive eingearbeitet wurden. Die oberen Fensteröffnungen oder **Laternen** lassen Licht in die Moschee fallen, die nach den vielen Erweiterungen sehr lang geworden war und in deren Inneres das Licht vom Hof nicht gelangte. Es gab aber auch eine Menge **Öllampen**, die von der Decke herabhingen und ganz anders als die heutigen aussahen.

Die **dritte und letzte Erweiterung** konnte nicht mehr in Richtung zum Fluss vorgenommen werden, sondern sie musste an der Ostseite angebaut werden. Sie wurde unter der Herrschaft al-Mansurs im Jahre 987 ausgeführt. Es wurden acht neue Schiffe hinzugefügt und auch der Hof wurde vergrößert, so dass die Moschee ihre heutige rechteckige Form bekam. Hier sind die Bögen tatsächlich bemalt, denn sie bestehen nicht aus roten Ziegeln, sondern aus ganz normalen Steinen.

Almansor oder al-Mansur, der „Siegreiche", war der Großwesir des Kalifen Hisham II. Er war wegen seiner Feldzüge gegen die Christen als großer Krieger berühmt und gelangte bis Santiago de Compostela. Von dort ließ er die Glocken der zerstörten Kathedrale und andere Kriegsbeute nach Córdoba bringen.

Wie in den Schriften überliefert wird, nahm al-Mansur für dieses Unternehmen eine Straße und die der Moschee gegenüberliegenden Häuser in Beschlag. Aber nicht alle Hausbesitzer waren zum Verkauf bereit; so zum Beispiel eine alte Frau, die ihren Hof mit einem Orangenbaum nicht verlassen wollte. Al-Mansur war gezwungen, ihr ein neues Haus mit Innenhof an anderer Stelle zu erbauen und dort ihren Orangenbaum einzupflanzen. Bei den archäologischen Ausgrabungen hat man unter der Moschee diese Straße gefunden.

Das ist alles, was ich euch über den Bau des islamischen Tempels erzählen kann. Aber geht noch ein bisschen weiter und sucht Paco, einen Kunsthistoriker, der auch an der Erhaltung der Moschee arbeitet.«

Die Kinder führen ihre Besichtigung fort und im Mittelteil treffen sie Paco an; er untersucht alle Elemente des Bauwerks und sortiert sie nach den Epochen, in denen sie hergestellt oder dekoriert wurden. Diese Arbeit ist wichtig, um die Bereiche, die sich in schlechtem Zustand befinden, zu erhalten oder zu restaurieren. Paco erklärt sich bereit, den Kindern den Teil der Kathedrale zu zeigen.

»Was für ein Glück wir haben!«, meint Teresa.

»Das stimmt«, sagt Jorge. »Uns wird alles genau erklärt, damit wir dieses außergewöhnliche Gebäude richtig kenen lernen.«

DIE KATHEDRALE UND DIE CHRISTLICHEN UMBAUTEN

»Nach all den islamischen Erweiterungen wurde das Gebäude bis heute weiter verändert. Die wichtigste Reform war der Bau der Kathedrale, der vom 16. bis zum 18. Jahrhundert dauerte.

Aber vorher gab es noch andere Umbauten. Nach der Eroberung Córdobas im Jahr 1236 durch Ferdinand III. (der König von Kastilien, der auch Sevilla eroberte) wurde die Moschee zu einer christlichen Kirche umgestaltet, der man den Namen *Santa María la Mayor* gab. Wenig später errichtete man die Kapelle *San Clemente* am Ende der Schiffe von al-Mansur. Hier wurde die Messe gehalten, bis

ein Teil der Erweiterung von al-Hakam II. 1257 in die **Villaviciosa-Kapelle** umgewandelt wurde. Auf einer Seite dieser Kapelle gibt es einen großen Raum mit einer schönen Gipsdekoration im oberen Teil der Wände. Das ist die **Capilla Real,** die Königskapelle, die Heinrich II. bauen ließ, damit hier einige der Könige von Kastilien beerdigt werden konnten. Die Dekoration der Königskapelle erinnert an die islamische Dekorationskunst, weil sie im 14. Jahrhundert von muslimischen Künstlern angefertigt wurde, die nach der Eroberung durch die Christen weiterhin in al-Andalus blieben. Dieser Baustil wird **Mudéjarstil** genannt.

Auf der anderen Seite der *Villaviciosa*-Kapelle seht ihr große, spitze Bögen, die ganz anders als die Hufeisenbögen und Rundbögen der Moschee aussehen. Sie befinden sich an den Enden eines Schiffes aus der Epoche der Katholischen Könige; das war die **erste Kathedrale**, deren Baustil man **gotisch** nennt. Die Gotik ist eine Stilepoche der europäischen Kunst, die im Mittelalter entstand; die gotischen Kathedralen sind so groß, als wollten sie bis zum Himmel reichen.

Im 16. Jahrhundert dachte ein Bischof namens Alonso Manrique, dass die *Capilla Mayor,* die Hauptkapelle, und der Chor nicht an einer Seite der Moschee sein dürften. So begannen die Arbeiten an der **Kathedrale** in der Mitte, wo sie auch heute ist. Dafür wurde ein Großteil der Erweiterung von Abd-ar-Rahman II. und ein Teil der von al-Mansur abgerissen.

Aber die Bewohner von Córdoba waren mit diesen Arbeiten, die einen Teil der Moschee zerstörten, nicht einverstanden, denn sie wussten, dass es sich um ein einzigartiges und besonderes Gebäude handelte, wie es wohl nirgends eines gab. Deshalb widersetzte sich der Rat der Stadt dem Bau der Kathedrale, indem die Ratsherren den Maurern, Steinmetzen, Schreinern und Hilfsarbeitern öffentlich und unter Androhung der Todesstrafe verboten, an der Hauptkirche zu arbeiten. So kam es zu einem Rechtsstreit zwischen dem Bischof und dem Stadtrat, aber der Kaiser Karl V. gab dem Bischof Recht. Als Karl V. jedoch auf einer Reise die Moschee kennen lernte, wie sie vorher war, und die Bauarbeiten an der Kathedrale sah, erkannte er seinen Fehler und rief aus:

«*Wenn ich gewusst hätte, was ihr hier vorhattet, würdet ihr es nicht ausgeführt haben, denn, was ihr vollbracht habt, findet man überall, und was zuvor hier war, existiert sonst nirgendwo auf der Welt*».

Er verstand nun den Rat der Stadt, denn solche Kirchen gab es auch anderswo, aber ein Bauwerk wie die Moschee nicht. Es war aber nun zu spät: Die Arbeiten waren schon weit fortgeschritten.«

»Wenigstens blieb ein Großteil des islamischen Gebäudes erhalten«, wirft Álvaro ein.

»Natürlich und deshalb ist die Kathedrale ein außergewöhnliches Bauwerk geworden, denn es wurde ein Gebäude in einem anderen errichtet, ohne dass dabei der Rest der Moschee abgerissen wurde.

Diese Kathedrale hat die Form eines großen Kreuzes, deshalb nennt man ihren Mittelteil Kreuzschiff. Der Bau der **Hauptkapelle und des Kreuzschiffs** wurde 1523 unter der Leitung von Hernán Ruiz begonnen. Später führten ihn sein Sohn und sein Enkel fort. Die Architekten Hernán Ruiz waren zu ihrer Zeit sehr berühmt; sie haben auch andere Gebäude erschaffen, die zusammen mit diesem wichtige Werke der Kunstgeschichte sind. Sie gehören dem Stil der Renaissance an, der auf die Gotik folgt und die Bauart der alten Römer nachahmt.

Da die Arbeiten an der Kathedrale vom 16. bis zum 18. Jahrhundert dauerten, vermischen sich allerdings verschiedene Bauweisen und Dekorationsstile: **Gotik** (wie die erste Kathedrale), **Renaissance und Barock**. Der Barockstil, in dem üppig verziert wird, entwickelt sich hauptsächlich im 17. und 18. Jahrhundert.

Der **Retablo Mayor,** der Hauptaltar, ist aus rotem Marmor und der **Chor**, eines der wertvollsten Werke, besteht aus vielen Stühlen, auf denen die Stiftsherren, die Priester der Kathedrale, sitzen. Der Hauptstuhl, der wie ein Thron aussieht, ist für den Bischof bestimmt und heißt „kathedra“; daher kommt der aus dem Mittelalter stammende Name Kathedrale.

Die Stühle sind aus geschnitztem Mahagoniholz, das auf großen Schiffen, die Handel mit Amerika betrieben, aus Kuba gebracht wurde. Dieser Chor ist mit Geschichten und Figuren aus dem heiligen Buch der Christen, der Bibel, verziert.

Auch die Kanzeln sind aus Holz geschnitzt. Eine der Legenden, die man sich hier erzählt, berichtet von dem Ochsen, der unter einer der Kanzeln zu sehen ist. Er soll die Steine für den Bau gebracht haben und dabei zu Tode gekommen sein. Aber in Wirklichkeit sind diese und andere Statuen unter der Kanzel Symbole für die Evangelisten.

Eine andere wichtige Reform durch die Christen war der Bau der über 50 **Kapellen**, die an die Wände der Moschee angebaut wurden. Die meisten entstanden in der Renaissance und im Barock. Viele sind Grabstätten, wie die des berühmten Schriftstellers Luis de Góngora.

Wenn ihr genau hinschaut, seht ihr neben dieser Kapelle in einer Säule ein eingekerbtes Kreuz. Eine Legende besagt, dass ein christlicher Gefangener dieses Kreuz mit seinem Fingernagel in den Stein geritzt hat. Daneben befindet sich eine Wachsfigur, die anfing zu weinen, wenn sich ihr eine Flamme näherte. Es gibt mehrere Geschichten über christliche Gefangene in der Moschee, es sind aber nur Legenden, denn an einem heiligen Ort wie diesem konnte es niemals Häftlinge geben.

Jetzt gehen wir zur **Kapelle des Sanktuariums,** die sich über drei Schiffe am Ende der Erweiterung von al-Mansur hinzieht. Das Beeindruckendste an ihr sind die Malereien, die sie vollkommen ausschmücken. Und hier lasse ich euch wieder allein, denn ich muss zurück an meine Arbeit.«

Welch ein Zufall, dass die Kinder in der Moschee auch noch auf Pedro, den Restaurator stoßen. Er säubert und restauriert die Malereien, die sich in schlechtem Zustand befinden. Die anderen bearbeitet er, damit sie nicht beschädigt werden.

»Was sind das alles für Malereien, die nicht eine einzige freie Stelle übriglassen?«, fragt Teresa.

»Die Malereien auf den Wänden und Bögen sind sogenannte Fresken. Sie wurden auf den Kalkmörtel der Wände gemalt, als diese Schicht noch feucht war, damit sich die Malerei besser mit der Wand „verbindet". Sie stammen aus dem 16. Jh. von einem italienischen Maler der Renaissance, namens Cesar Arbasia.

Abgesehen von den Bauwerken gibt es in der Kathedrale und den Kapellen noch viele andere Kunstwerke zu bestaunen. Es gibt viele Gemälde und Skulpturen von bedeutenden Künstlern. Wusstet ihr eigentlich, dass es auch eine Schatzkammer in der Kathedrale gibt? Sie ist in zwei Sälen der Barockkapelle des Kardinals Salazar zu besichtigen. Besonders schön ist die Sammlung von Silberschmiedearbeiten, einem Kunsthandwerk, das seit Jahrhunderten in Córdoba Tradition hat. Das wichtigste Stück ist die *Custodia Procesional*, die Monstranz, die bei der Prozession am Fronleichnamstag durch die Stadt getragen wird. Sie ist sehr groß und wurde im 16. Jh. von Enrique Arfe aus Silber und Gold gearbeitet.«

»Es kamen ja wirklich viele Künstler von überallher, um in der Moschee und in der Kathedrale zu arbeiten«, bemerkt Jorge.

»Das stimmt«, bestätigt Álvaro. »Und bei so vielen Kunstwerken hast du sicher viel zu tun hier, oder Pedro?«

»Da hast du Recht, aber nicht nur wegen der Bilder und christlichen Skulpturen. Auch die bemalten Holzdecken der Moschee, die islamische Dekoration und Malerei und vieles mehr muss bearbeitet werden. Und die Restaurationsarbeiten sind langsam und aufwendig, denn die Kunstwerke müssen sehr behutsam behandelt werden. So, ich hoffe, ich habe euch ein wenig weitergeholfen?«

»Ja, sicher! Vielen Dank auch!«, antworten die drei Kinder.

FERNANDEZ DE ANGULO
DAMIAN DECASTRO
ENRIQUE DE ARCE

Unser kleines Abenteuer geht nun zu Ende. Die Kinder verabschieden sich von allen und bedanken sich dafür, dass sie ihnen geholfen haben, die Geschichte der Moschee besser zu verstehen. Wie wir gesehen haben, gilt das Interesse aller Experten derselben Sache: Sie untersuchen, um die Moschee zu erhalten und erhalten sie, um sie noch besser kennen zu lernen.

»Was wir alles unserem Lehrer und den Klassenkameraden zu erzählen haben!«, ruft Álvaro aus.

»Teresa, ich hoffe, du hast ein paar Sachen aufgeschrieben! « sagt Jorge.

»Na klar. Jetzt weiß ich, wie wichtig unsere Moschee ist und warum wir alle etwas tun müssen, um sie zu erhalten, damit sie auch noch andere Kinder in Zukunft bestaunen können«, bestätigt Teresa.

Felipe, ihr Vater, der sie bei der Besichtigung begleitet hat, fügt hinzu, dass das nicht nur für die Kinder gilt, sondern für alle, die sie noch nicht kennen.

Alle sind sich darüber einig, dass sie noch oft wiederkommen wollen, um noch mehr über dieses beeindruckende Bauwerk zu erfahren.

Wir hoffen, dass du auch Lust hast, wieder herzukommen..